Mel Bay Presents
Select Works of Enrique Granados
for Solo Guitar
Arranged by Elias Barreiro

D1092021

1 2 3 4 5 6 7 8 9 0

Visit us on the Web at www.melbay.com — E-mail us at email@melbay.com

Table of Contents

Danza Española nº 1

Galante

arr. Elias Barreiro

Enrique Granados
1867-1916

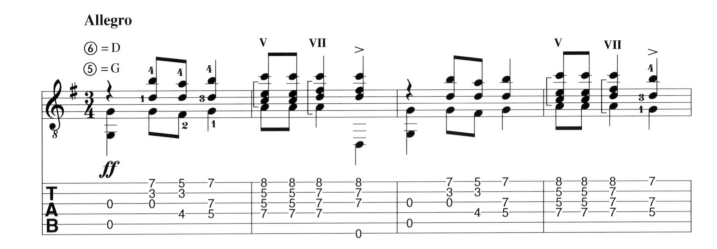

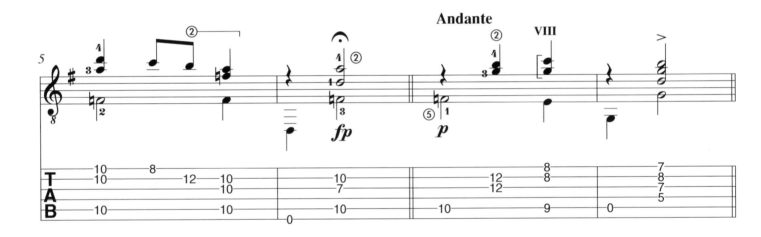

5

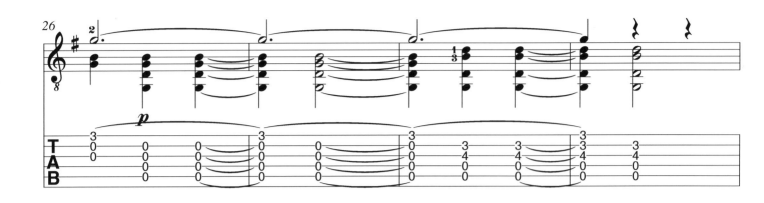

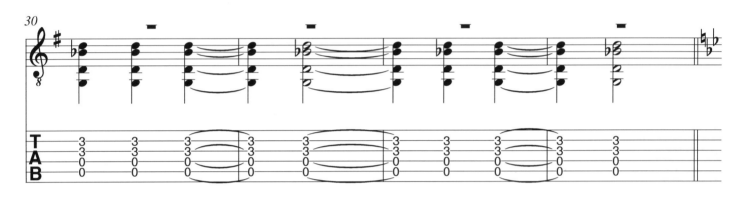

Poco andante

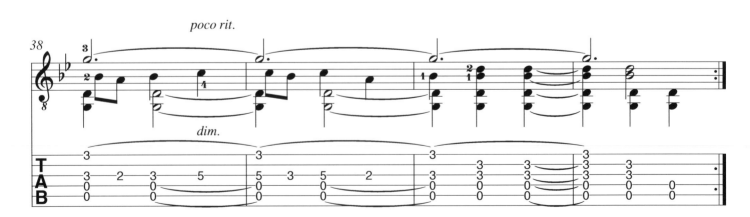

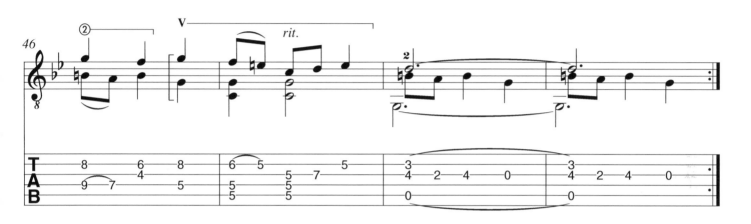

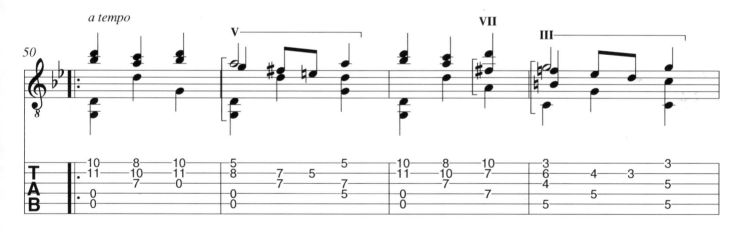

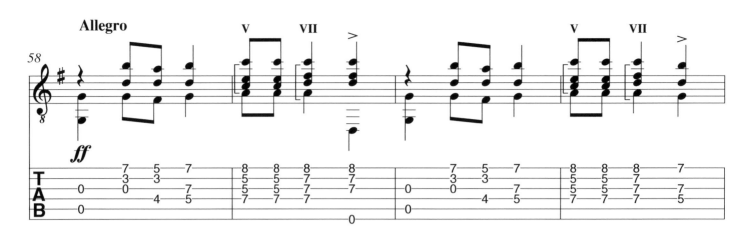

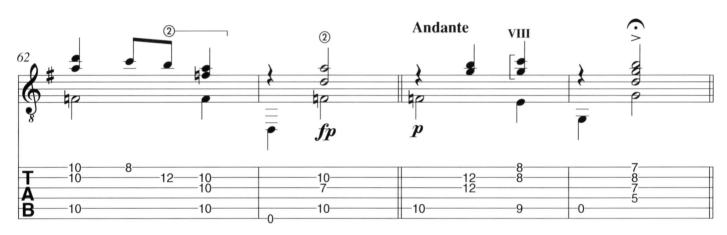

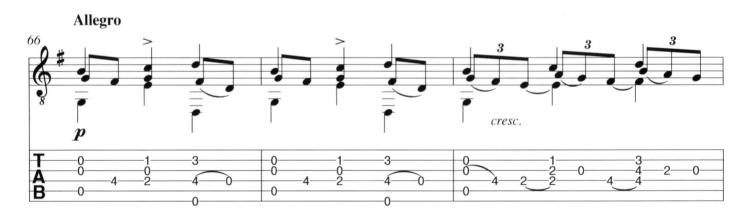

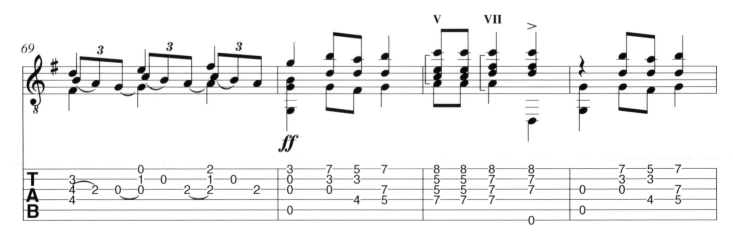

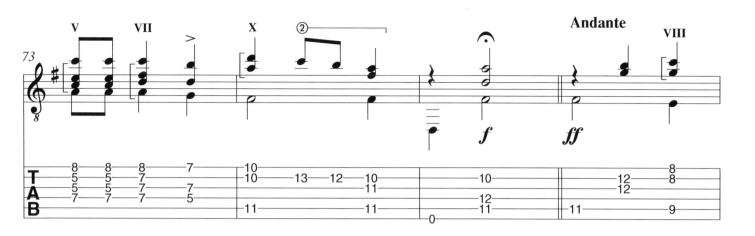

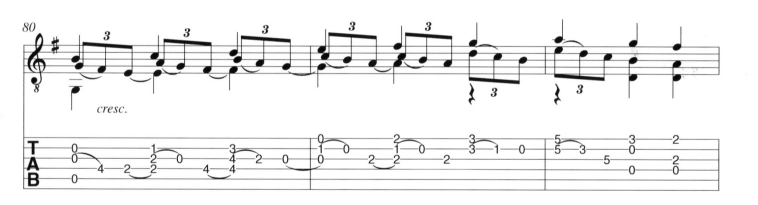

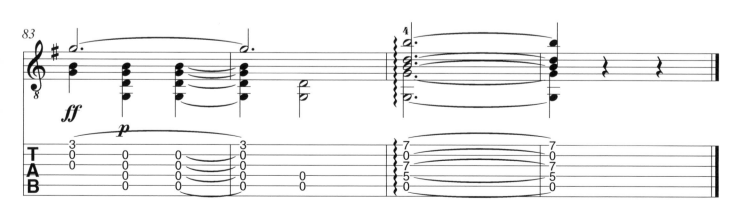

Danza Española nº 2

Oriental

arr. Elias Barreiro

E. Granados

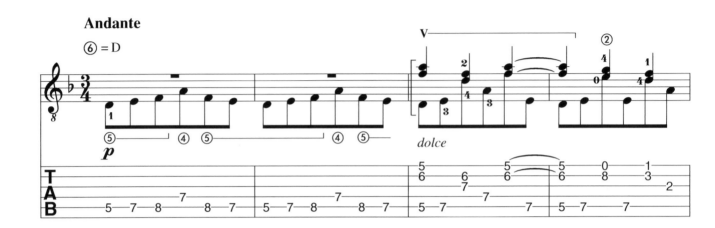

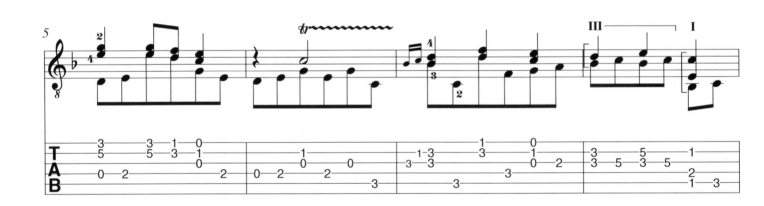

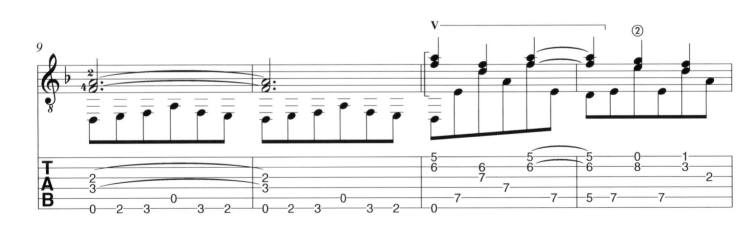

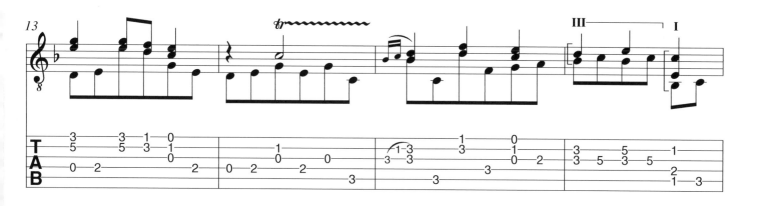

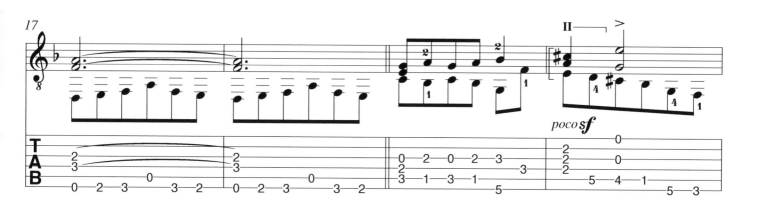

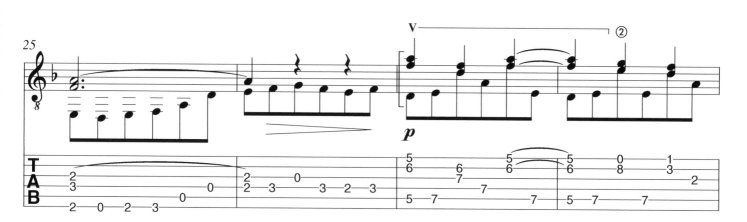

11

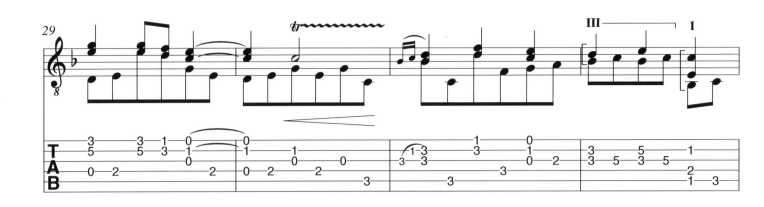

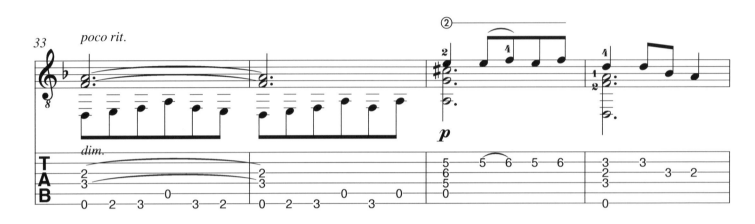

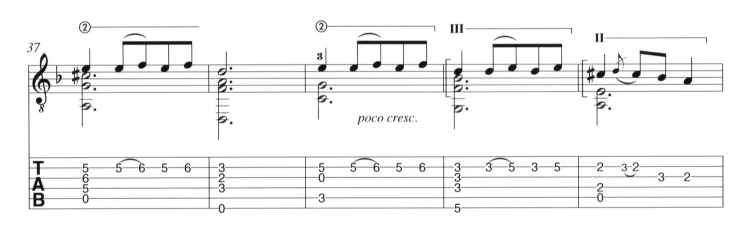

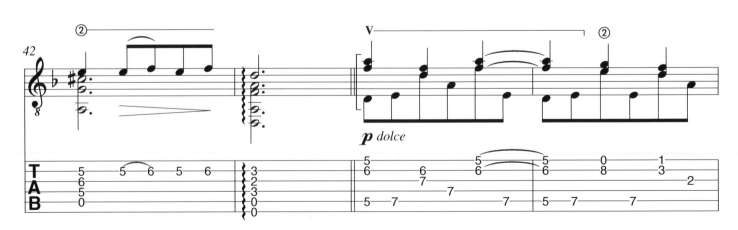

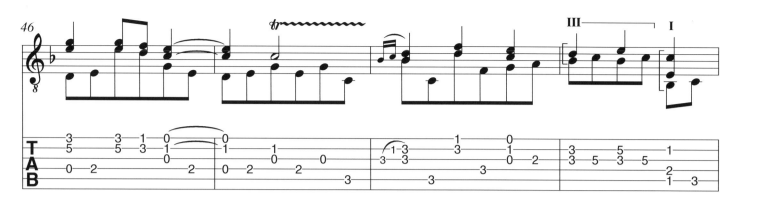

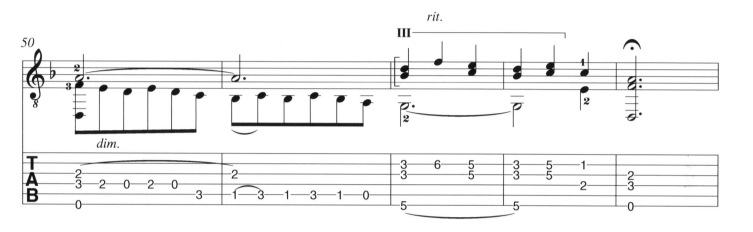

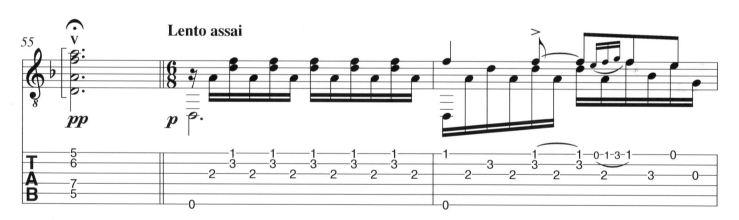

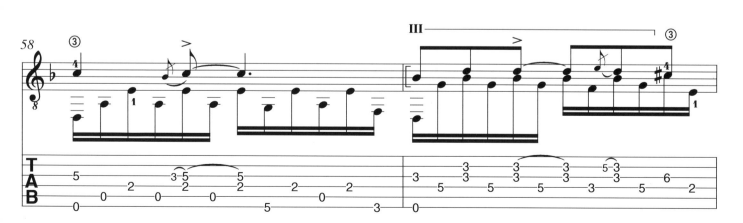

13

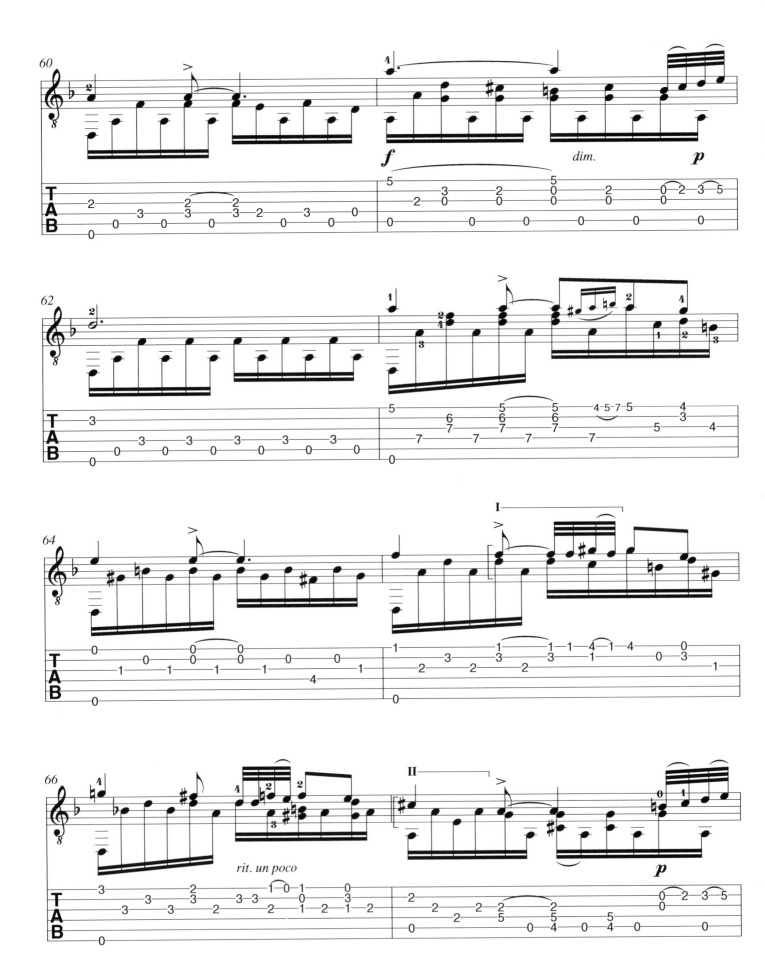

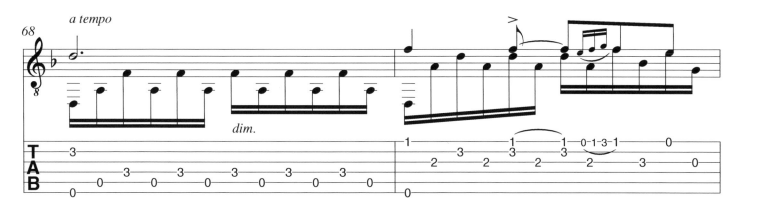

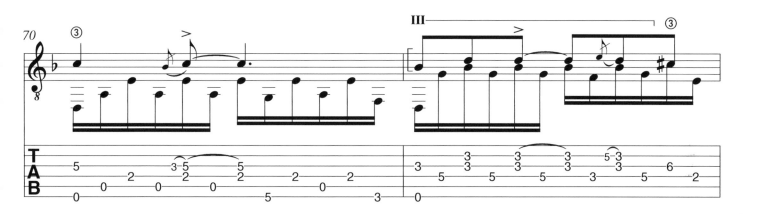

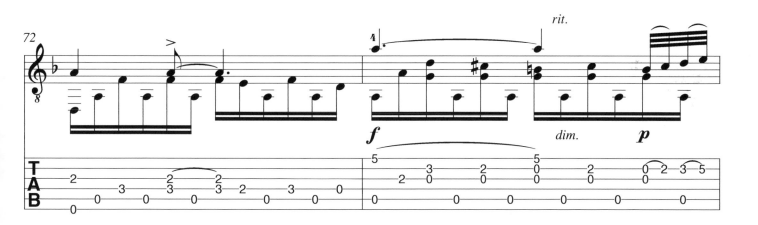

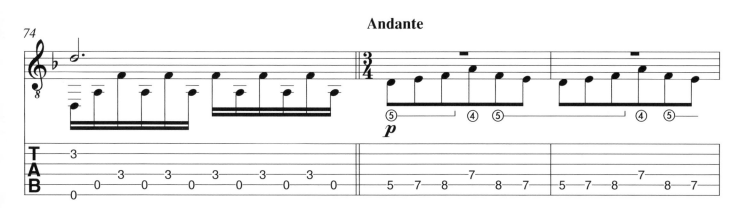

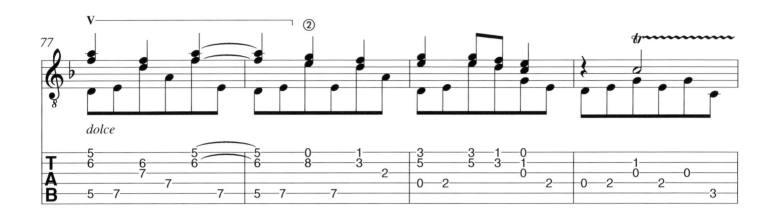

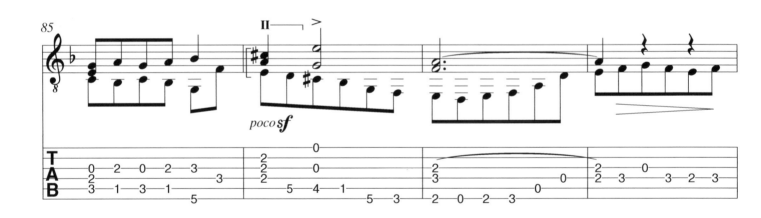

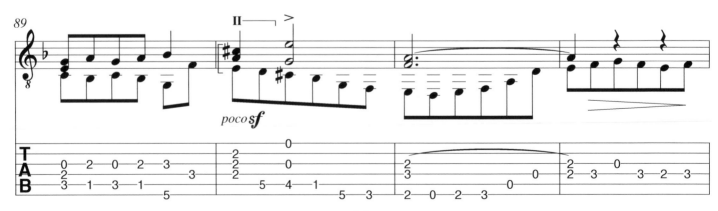

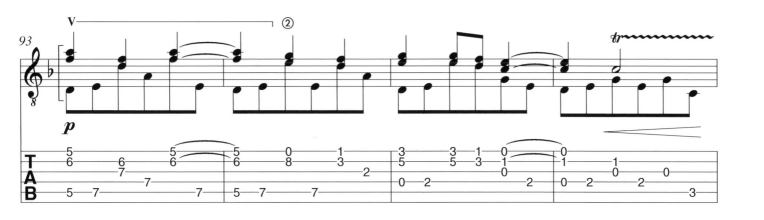

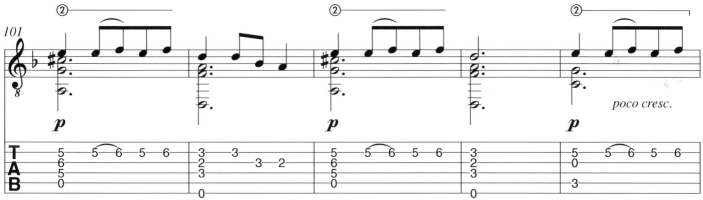

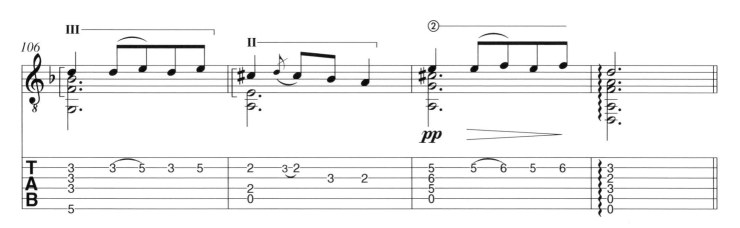

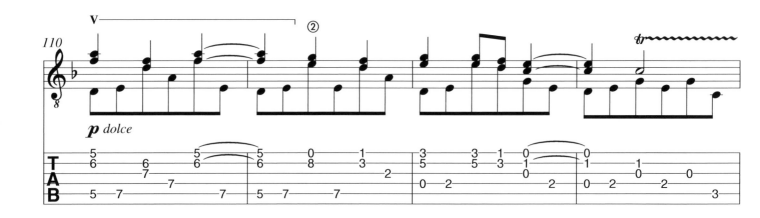

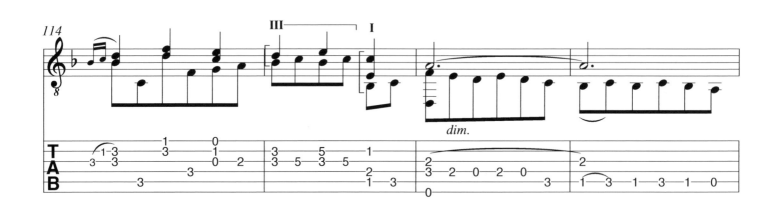

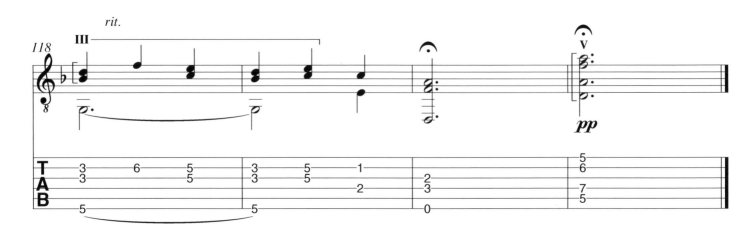

This page has been left blank
to avoid awkward page turns.

Danza Española nº 3

Fandango

arr. Elias Barreiro

E. Granados

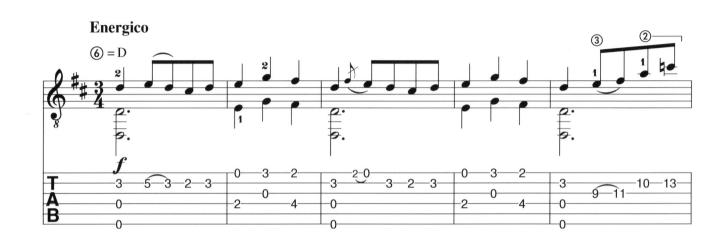

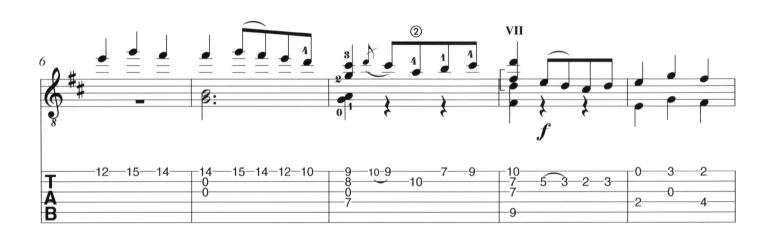

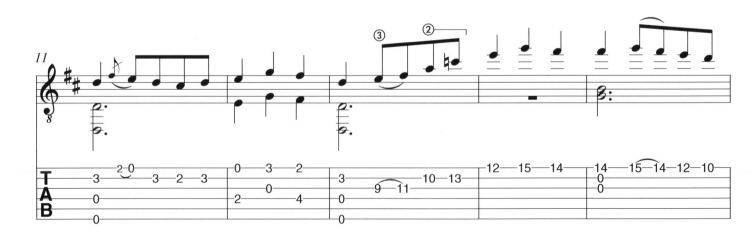

Meno mosso cantabile

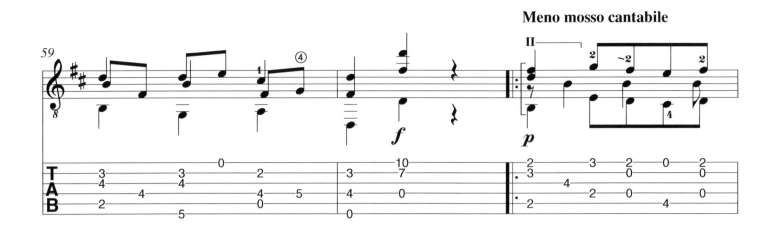

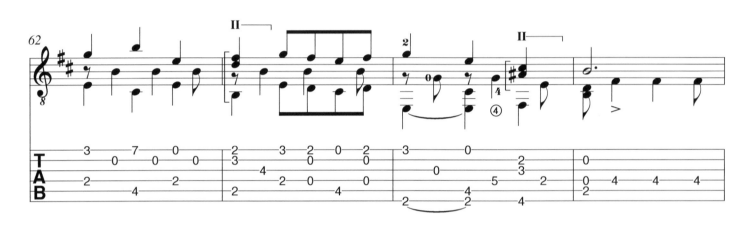

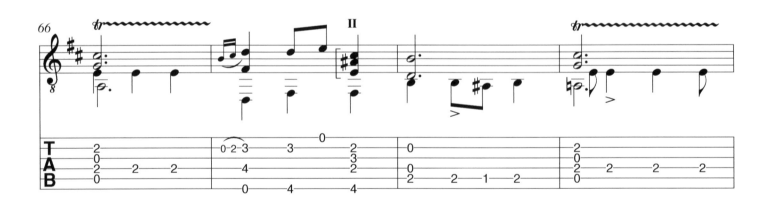

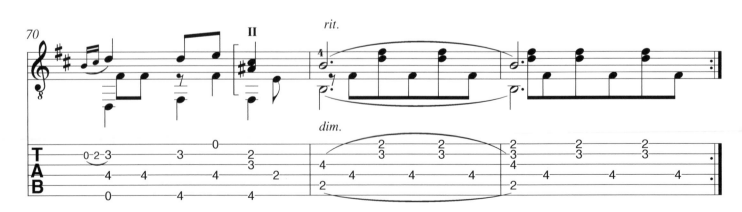

24

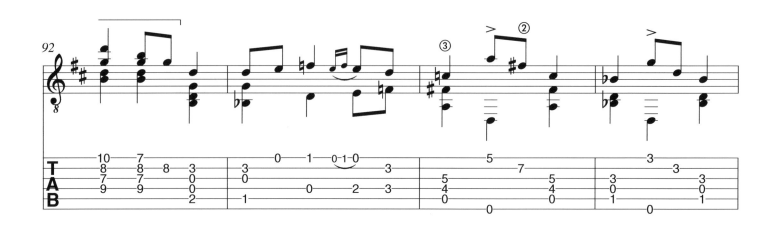

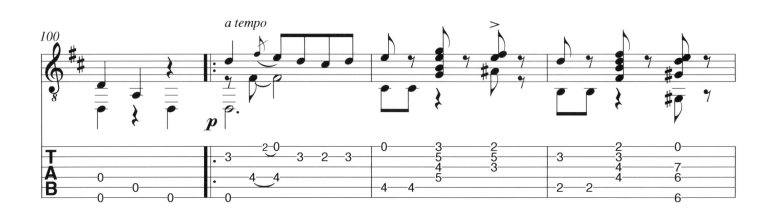

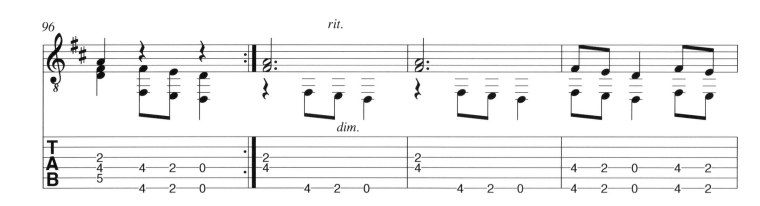

26

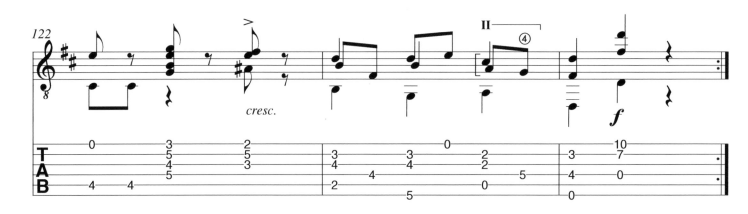

Meno mosso cantabile

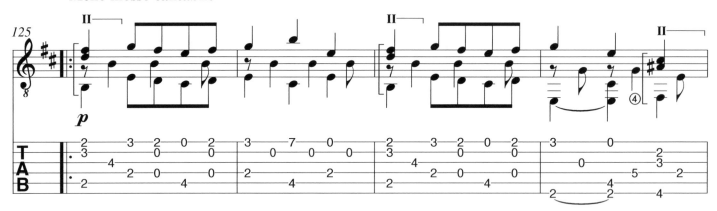

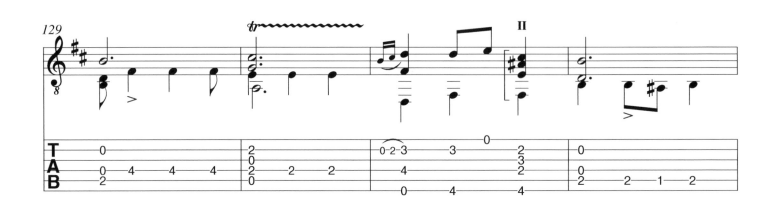

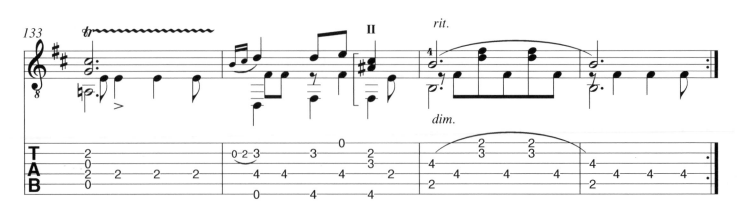

29

Danza Española nº 5

Andaluza

arr. Elias Barreiro

E. Granados

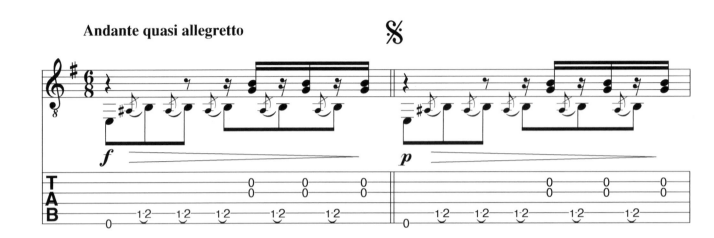

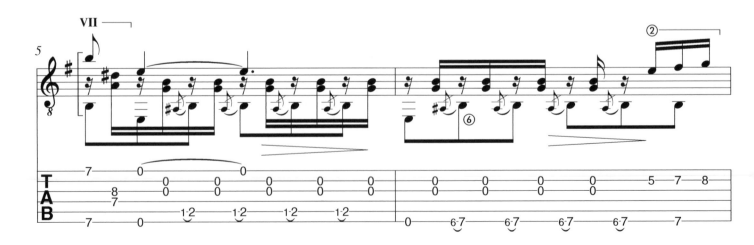

30

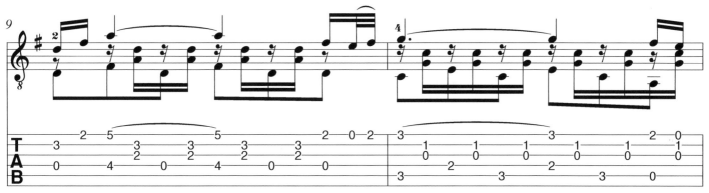

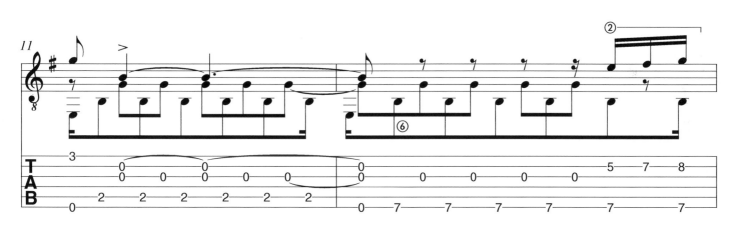

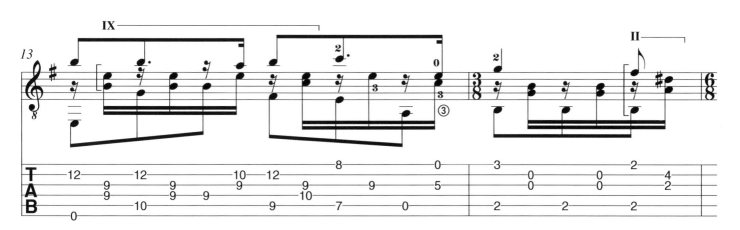

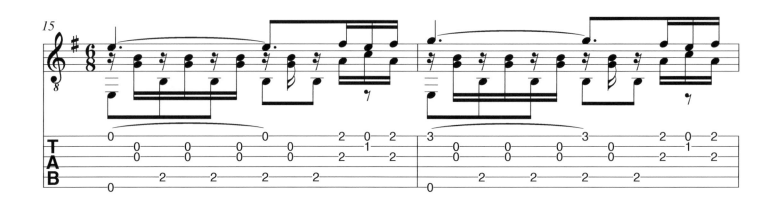

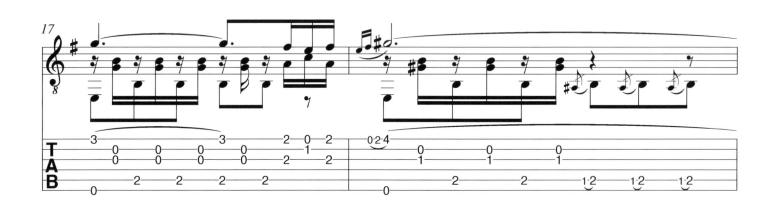

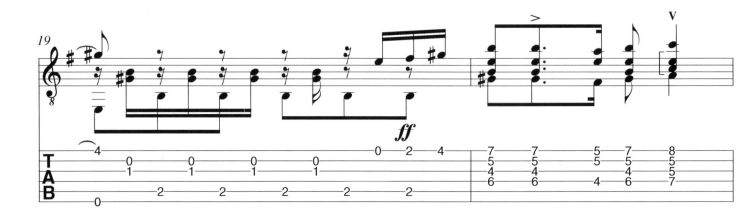

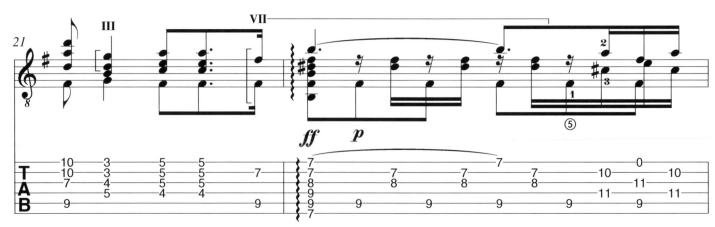

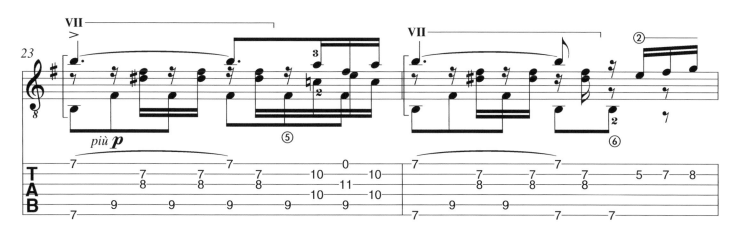

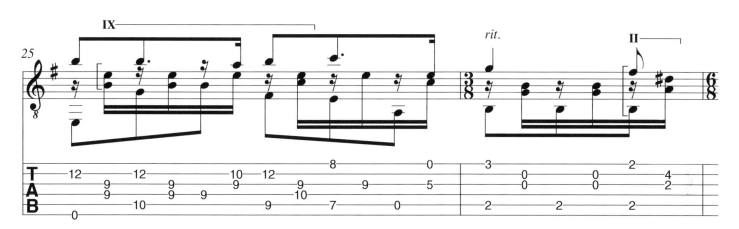

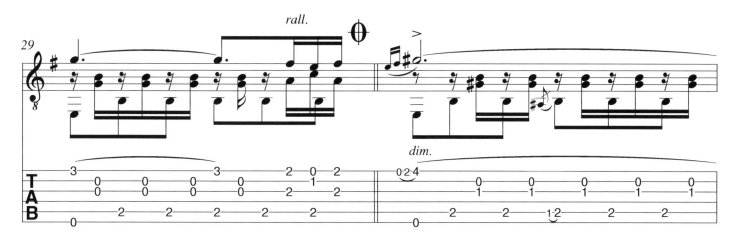

Andante molto

molto rit. e dim.

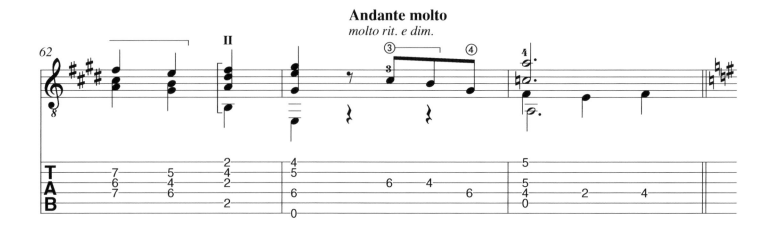

Tempo I

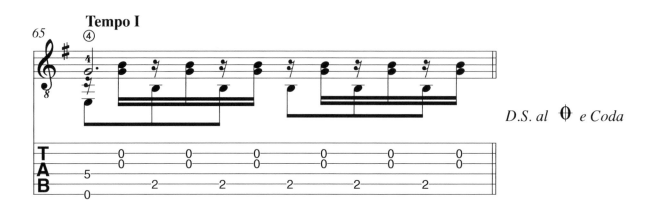

D.S. al ⊕ e Coda

Coda

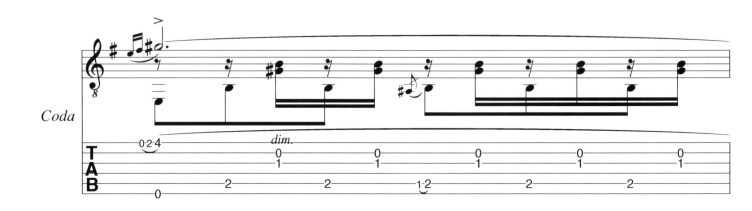

rit. molto

morendo

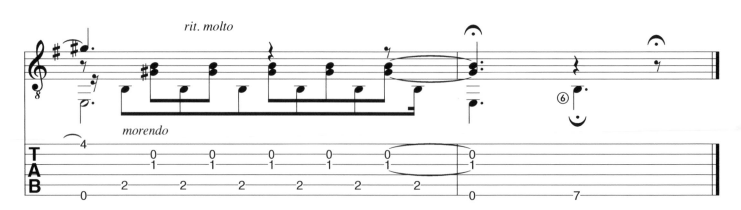

Danza Española nº 10

Melancólica

arr. Elias Barreiro

E. Granados

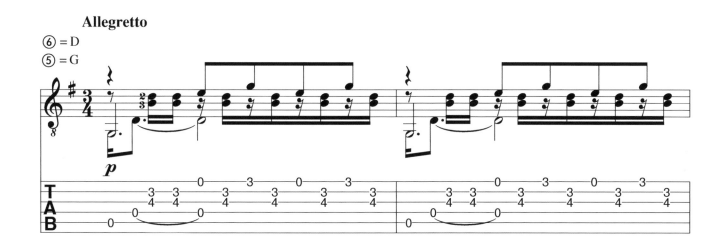

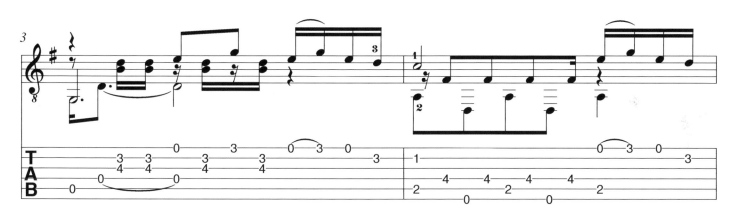

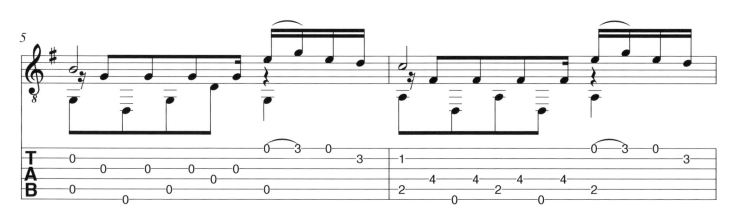

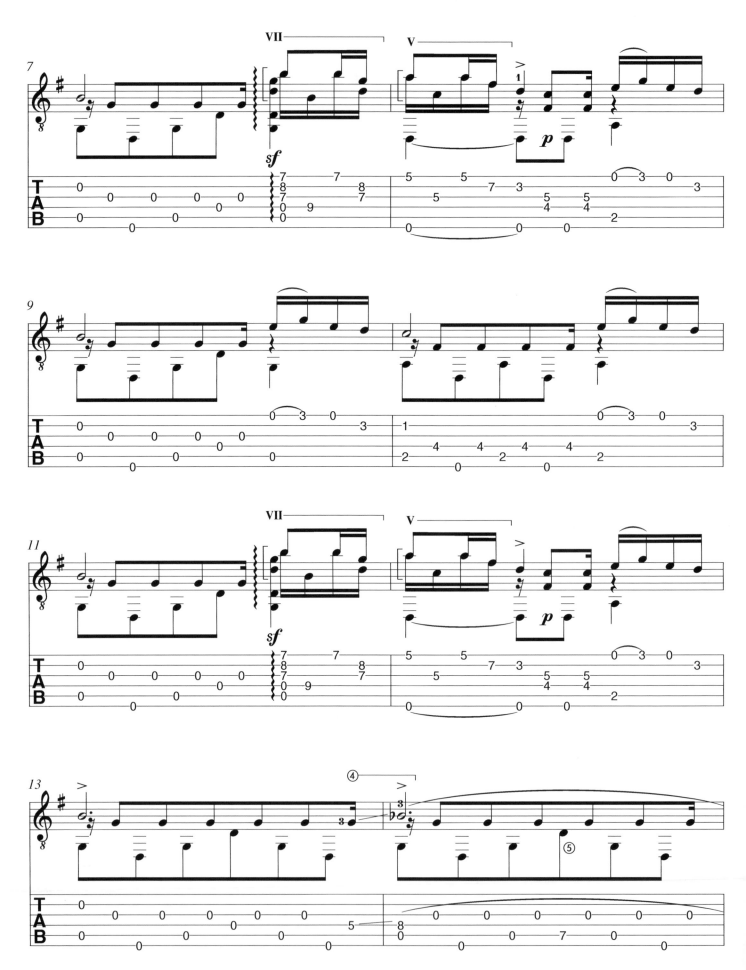

39

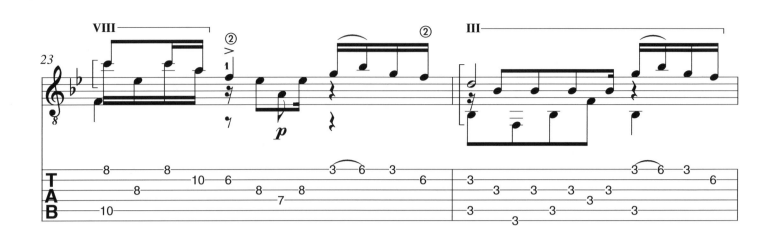

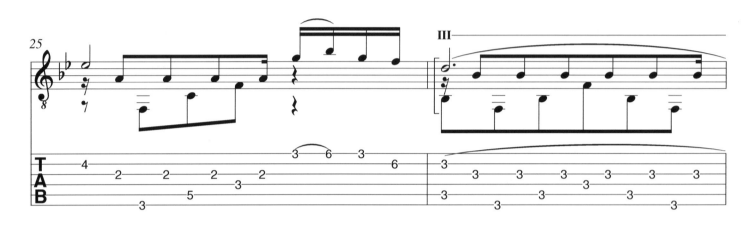

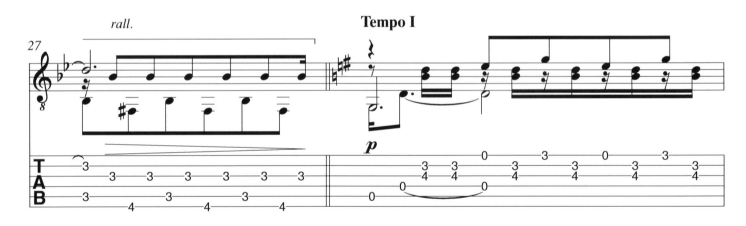

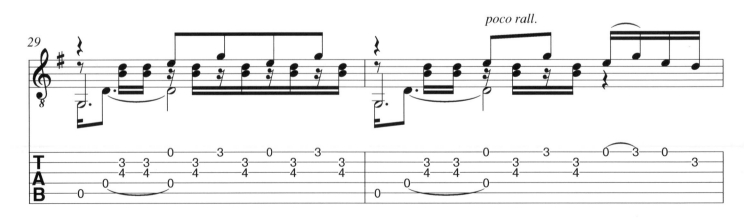

40

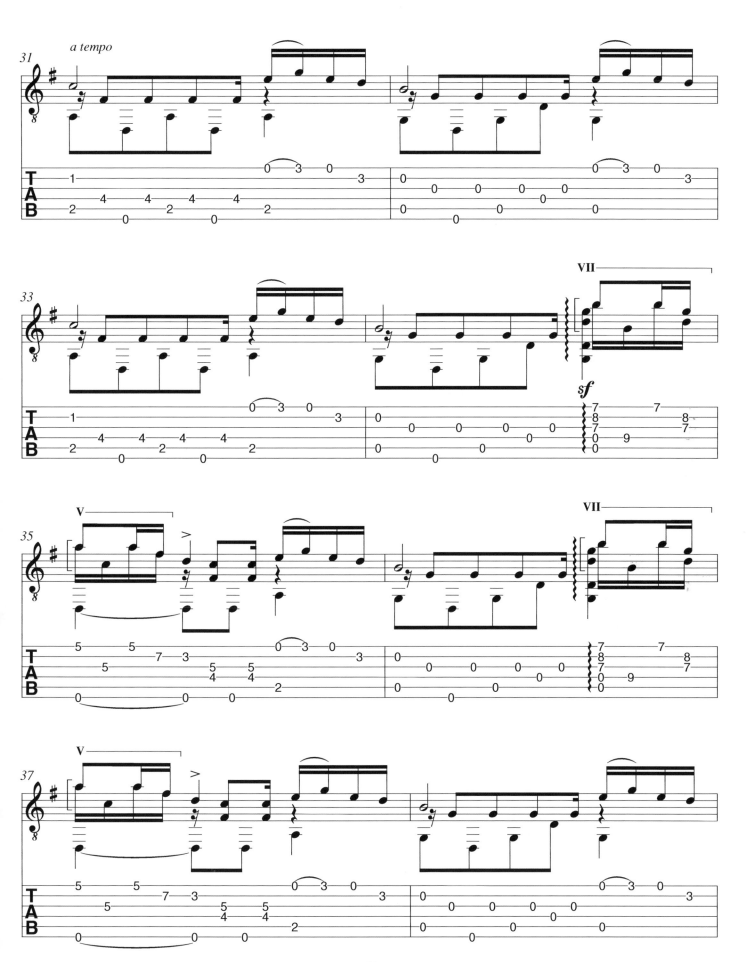

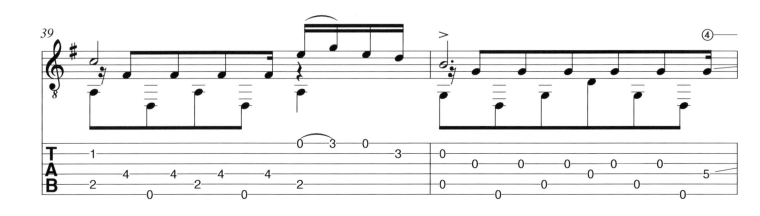

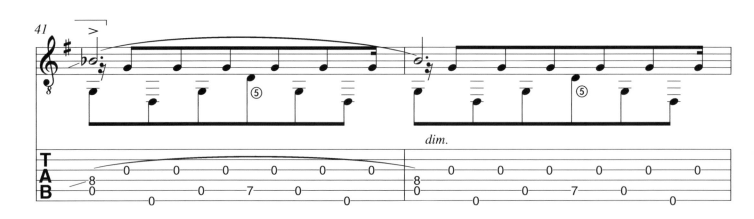

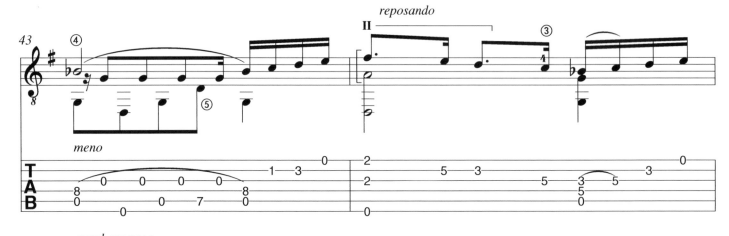

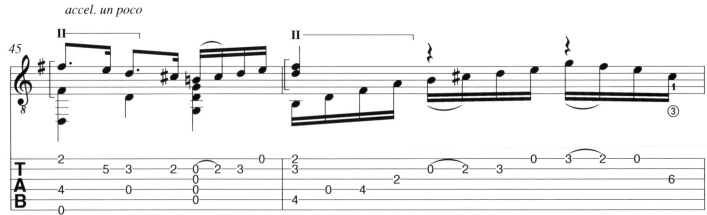

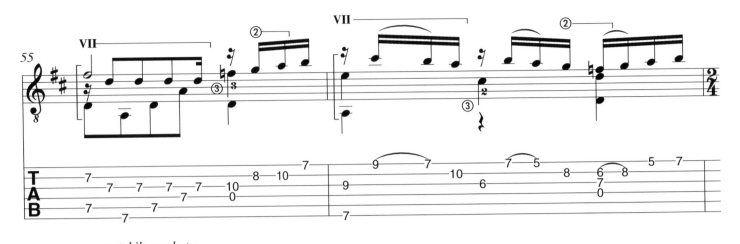

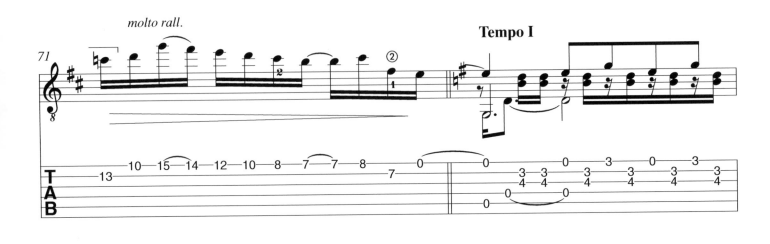

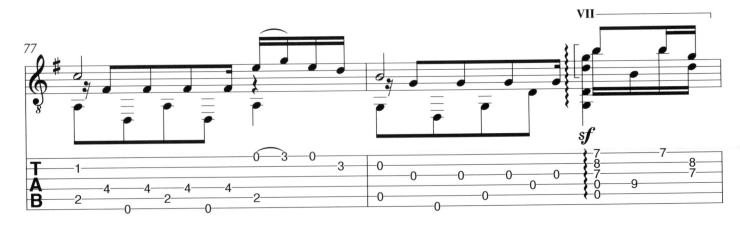

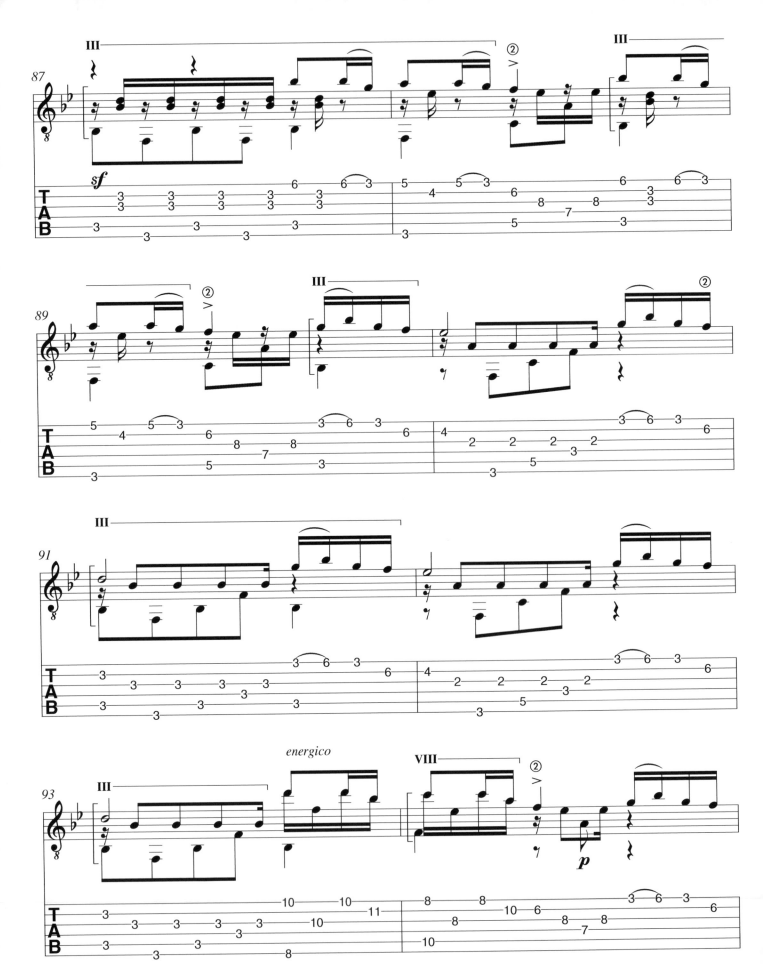

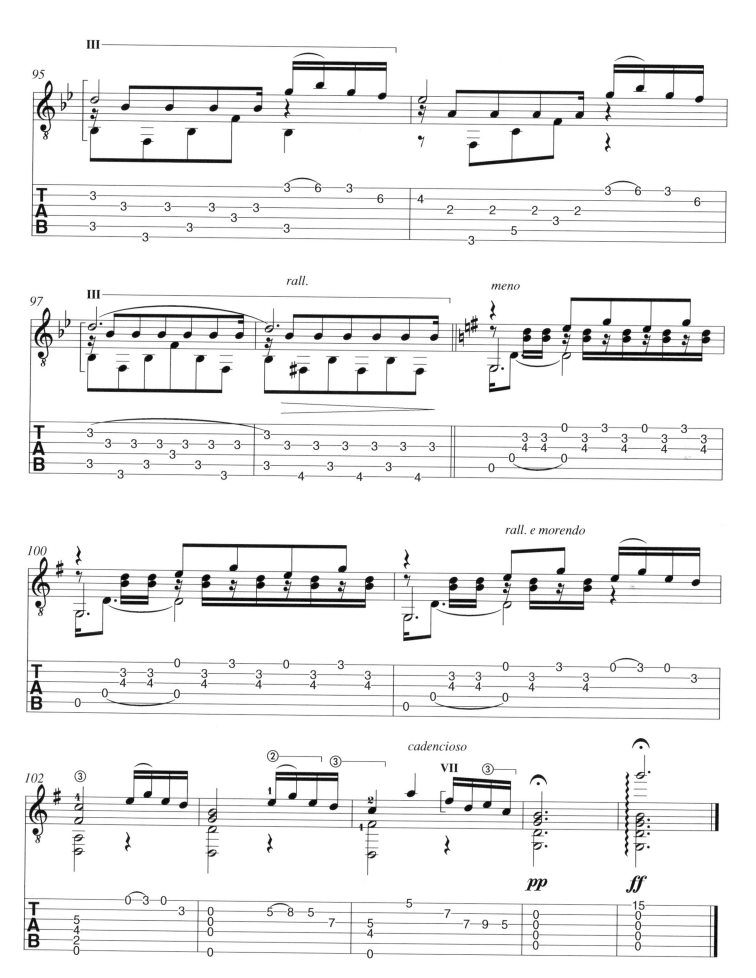

Cuento Viejo

from "Cuentos de la Juventud"

arr. Elias Barreiro

E. Granados

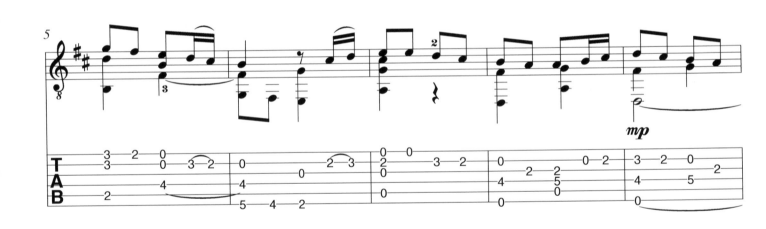

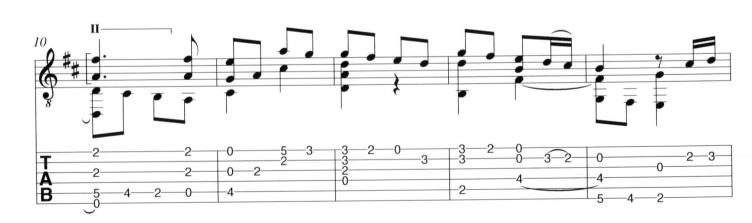

Recuerdo de la Infancia

from "Cuentos de la Juventud"

arr. Elias Barreiro

E. Granados

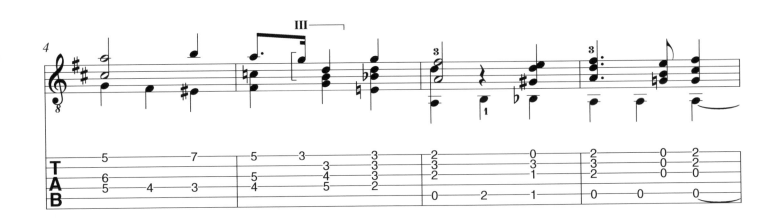

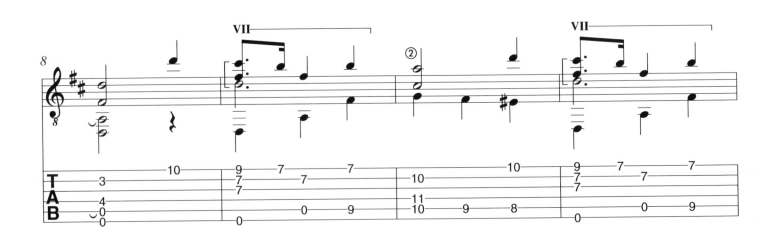

This page has been left blank
to avoid awkward page turns.

Dedicatoria

from "Cuentos de la Juventud"

arr. Elias Barreiro

E. Granados

La Huérfana

from "Cuentos de la Juventud"

arr. Elias Barreiro

E. Granados

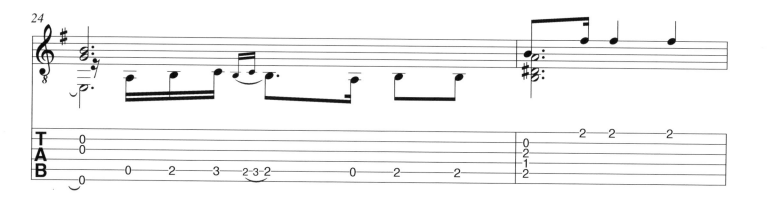

rall. e dim.

Berceuse

from "Escenas Románticas"

arr. Elias Barreiro

E. Granados

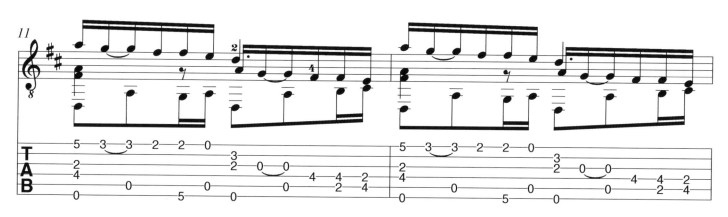

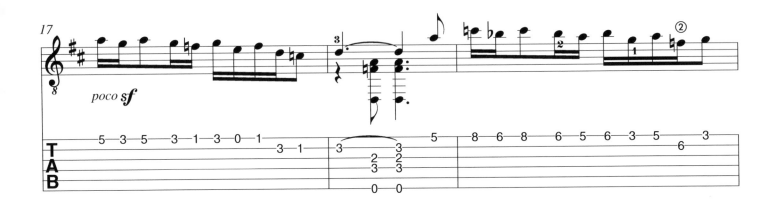

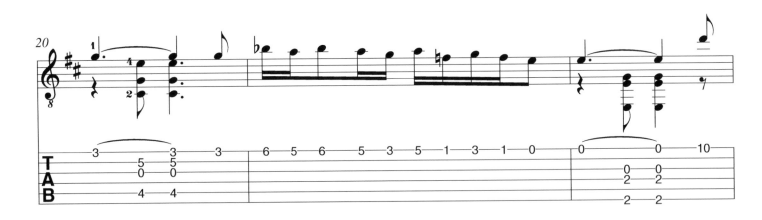

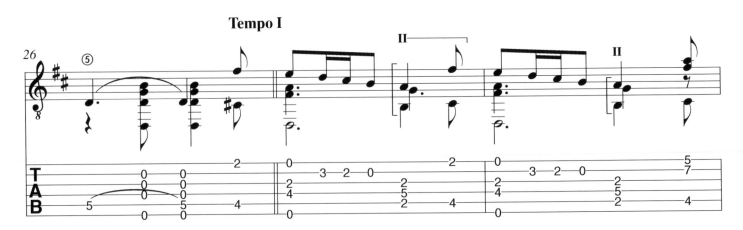

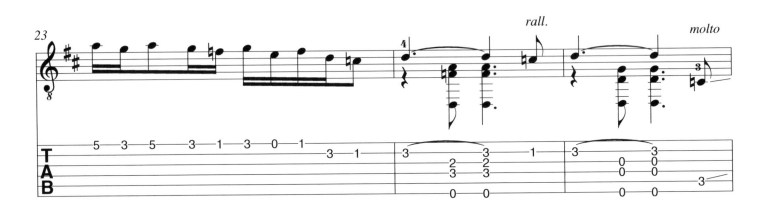

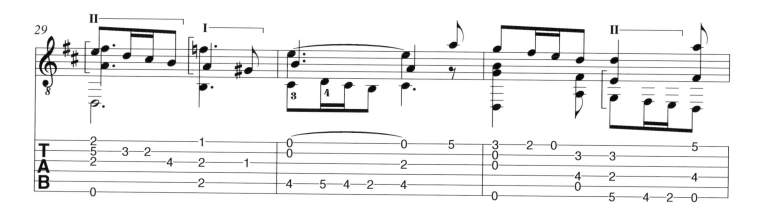

Pequeña Danza

from "Escenas Románticas"

arr. Elias Barreiro

E. Granados

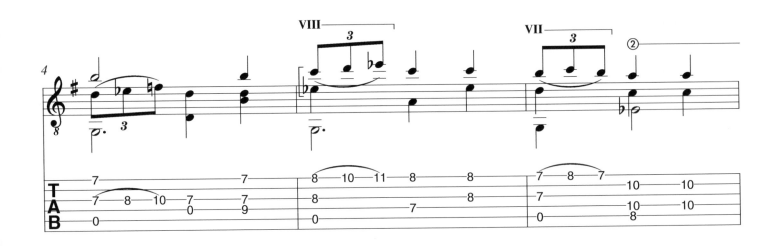

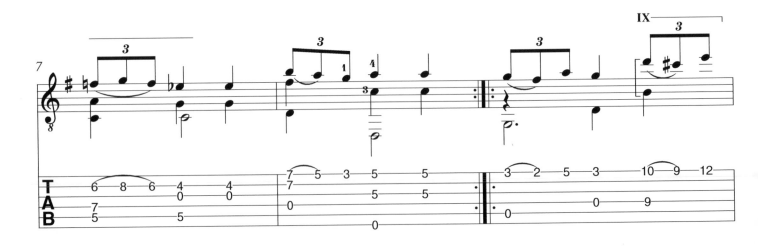

En el Jardín

from "Libro de Horas"

arr. Elias Barreiro

E. Granados

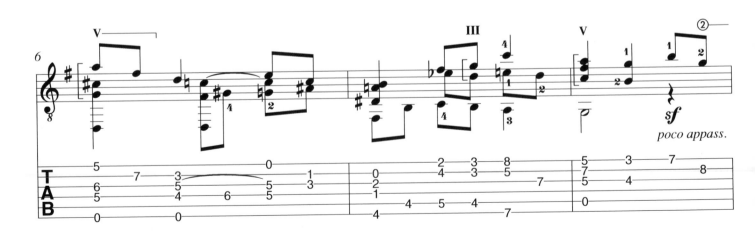

La Campana de la Tarde

from "Bocetos"
(Sketches)

arr. Elias Barreiro

E. Granados

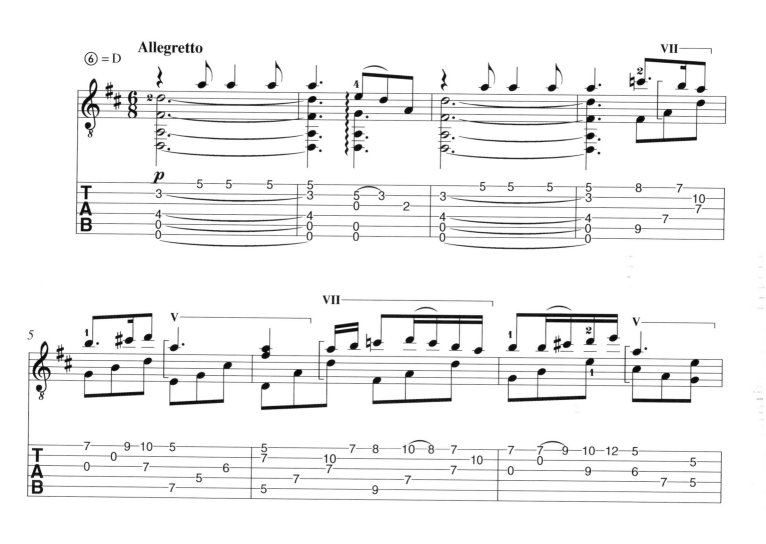

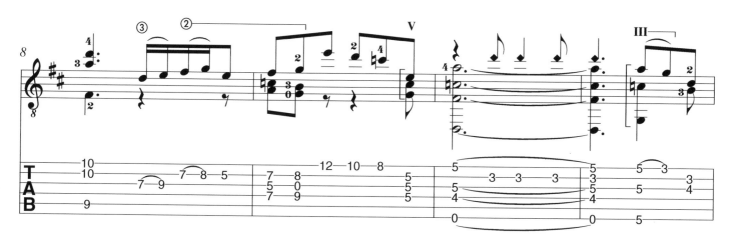

Despertar del Cazador

from "Bocetos"
(Sketches)

arr. Elias Barreiro

E. Granados

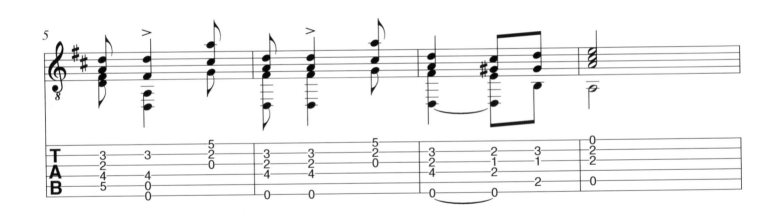

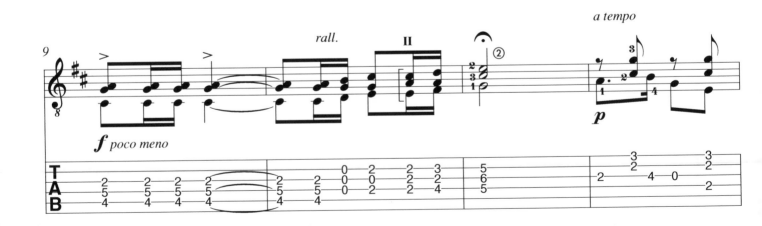

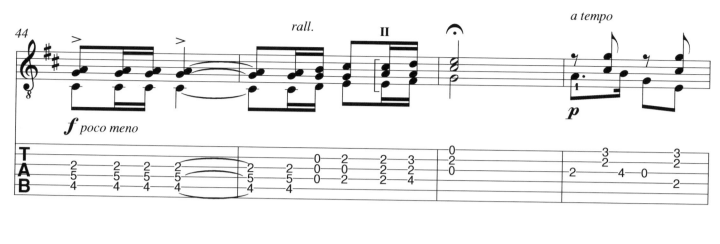

Pastoral

from "Estudios Espresivos"

arr. Elias Barreiro

E. Granados

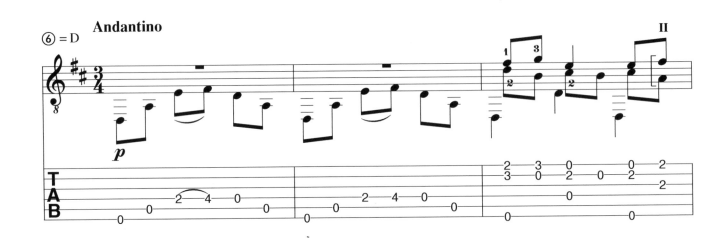

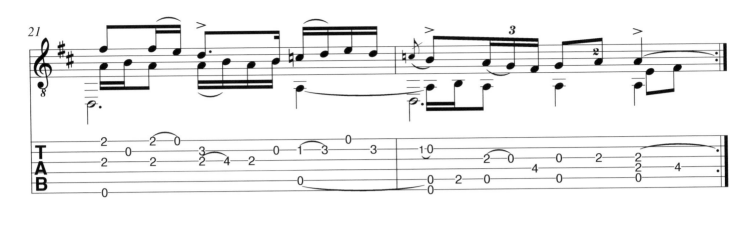

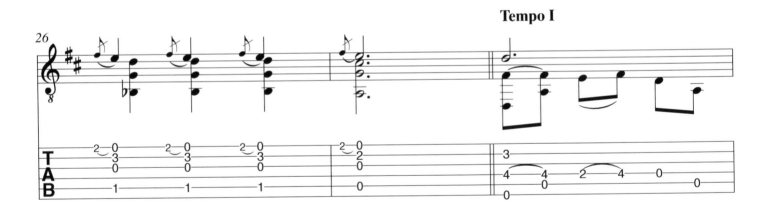

Tempo I

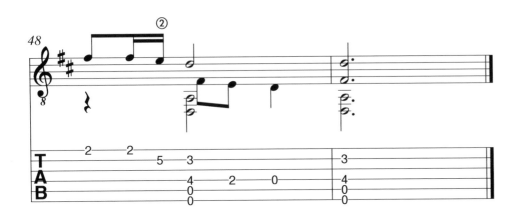

Made in the USA
San Bernardino, CA
22 September 2015